INTÉRIEUR D'UNE HABITATION A TUNIS

LA FRANCE EN TUNISIE

I

A une époque si reculée que certaines chronologies la font remonter jusqu'au neuvième siècle avant notre ère, les Phéniciens, peuple navigateur, commerçant et aventureux, abordèrent sur la côte d'Afrique séparée de la Sicile par la Méditerranée, et y fondèrent deux colonies importantes dont l'histoire se confondit, à travers les âges, pendant plus de six cent cinquante ans : Tunis et Carthage. Quand cette dernière ville eut, comme dénouement du long drame des guerres puniques, été détruite par Scipion Émilien (146 avant J.-C.), le territoire aujourd'hui occupé par la Tunisie fut compris dans la province romaine composée de la Zeugitane et de la Byzacène et bornée par la Numidie. En l'an 46 après J.-C. ces trois régions, auxquelles on annexa une partie du pays des Gétules, furent réduites en une seule province. En l'an 33, les deux Mauritanies, Tingitane et Césarienne, se réunirent à la République. L'Afrique septentrionale avait changé de face dans l'espace de deux siècles, et l'influence, qui s'étendait d'Alexandrie à Tanger, allait ramener la vie sur ses rivages désolés (1).

(1) Victor Duruy, *Histoire des Romains*, t. III.

Quoique effacée méthodiquement de la carte du monde, par ordre du Sénat, Carthage s'était relevée sous César et sous Auguste. Ce n'est pas à elle que pouvait s'appliquer le mot célèbre : « Ses ruines n'avaient pas péri ». Les habitants des villes voisines l'avaient reconstruite avec ses décombres. Ainsi reconstituée, elle prit le nom de *Colonia Julia Carthago*. Cette nouvelle Carthage grandit promptement. Elle devint en peu de temps la cité la plus importante de l'Afrique romaine et succéda à Utique comme chef-lieu de la province. Les lettres et le christianisme y firent de rapides progrès, et c'est de ses écoles que sortirent les Apulée, les Tertullien, les Cyprien, les Augustin (1).

Au cinquième siècle, les Vandales, refoulés par les Visigoths et les Suèves, quittèrent l'Espagne et vinrent s'abattre sur le diocèse de Carthage, alors soumis aux empereurs romains d'Orient. Ils s'emparèrent de la ville et en firent la capitale de leur royaume, qui subsista pendant près de cent ans (439-533). Belisaire, général de Justinien, défit leur roi Gélimer, les chassa de l'Afrique et occupa la ville, dont il releva les fortifications.

Un empire nouveau, celui des Arabes, se crée au siècle suivant. Abdallah ravage en 647 la Tripolitaine et la Tunisie ; Okba conduit une expédition en Mauritanie et fonde à son retour la ville de Kairouan, qui fut la résidence des gouverneurs envoyés par les califes. En 697, Hassan, gouverneur arabe de l'Egypte, expulse les Byzantins de Carthage et rase la ville. Dès ce moment, elle entre, peut-être à jamais, dans la solitude à laquelle l'avait vouée le second Africain, et elle n'est plus qu'une vaste carrière où l'on vient de toutes parts chercher des matériaux. Les Arabes s'établissent à Tunis, qui est plus éloignée de la mer.

La dynastie des Sassanides, puis celles des Aghlébites et des Fatemides, celles des Almohâdes et des Hafsides étendent tour à tour leur empire sur la Tunisie, la Tripolitaine et l'Algérie orientale. C'est pendant la dix-huitième année du règne de Mohammed-Mostancer, petit-fils d'Abd-el-Oulaïd, chef de la famille des Béni-Hassi, que saint Louis entreprit, en 1270, la croisade qui lui coûta la vie.

L'empire de Tunis était alors très florissant et s'étendait jusqu'au Maroc. Tlemcen et Ceuta avaient été conquis, et les villes algériennes de Bône, Bougie, la Calle, ainsi que Tripoli, reconnaissaient l'autorité du souverain tunisien.

En 1390, sous la dynastie des Mériuides, les Génois réclament l'appui de la France contre les Tunisiens, redoutables par leurs pirateries. Le roi Charles VI envoie contre Tunis une flotte commandée par son oncle Louis II, duc de Bourbon. Cette expédition échoua.

(1) Voir Maurice Bois, *l'Expédition française en Tunisie* ; Ch. Tissot, *Géographie comparée du golfe de Carthage* ; Desrossés, *la Tunisie sous le protectorat* ; Duveyrier, *la Tunisie* (Paris, Hachette) : E. Poiré, *la Tunisie française* (Paris, Plon) ; Alph. Rousseau, *Annales tunisiennes* de 1535 à 1830. C'est dans ces divers travaux et dans quelques autres que nous avons puisé les sources de cette étude. Pour la dernière partie de notre introduction, nous avons consulté principalement le remarquable volume de M. d'Estournelles de Constant, *la Politique française en Tunisie*, et l'excellente synthèse du *Partage de l'Afrique*, par M. Victor Deville, qui présente, en s'appuyant sur les documents les plus importants et les plus récents, le tableau des événements dont la Tunisie a été le théâtre depuis ses origines lointaines jusqu'en 1897. N'oublions pas de signaler l'*Histoire de la Tunisie* (depuis les origines jusqu'à nos jours) par Gaston Loth (Paris, Armand Colin) excellent manuel classique, dont le plan, la mise en œuvre, le style clair et précis sont dignes de tous les éloges. (C. S.)

Au seizième siècle, à la domination arabe se substitue la domination turque. Le corsaire Kheïr-Eddine (Hariadan) Barberousse enlève, en 1535, Tunis à Moulaï-Hassen. Celui-ci, dépossédé, s'adresse à Charles-Quint, qui, après un siège de cinq semaines, s'empare de la Goulette et entre dans Tunis. Moulaï-Hassen remonte sur le trône, mais il est renversé presque aussitôt par son fils, qui lui fait crever les yeux et l'envoie en Sicile, où il va finir misérablement ses jours.

En 1574, les Turcs renversent la dynastie hafside, et la Porte envoie à Tunis un pacha-bey (Sinane-Pacha) qui reconnaît sa suzeraineté et gouverne de concert avec le dey, devenu vassal du Sultan Mais le Divan, ou conseil du vice-roi, composé des principaux officiers des janissaires, possède en réalité toute l'autorité. Aussi la nouvelle organisation ne dura-t-elle que deux ans. De même qu'à Alger, la milice brutale s'empare du pouvoir : les janissaires massacrent les membres du Divan, en élèvent d'autres et confèrent le pouvoir à un dey, fonctionnaire révocable à leur volonté.

En 1650, Ali-Bey rend le pouvoir beylical héréditaire dans sa famille et laisse, après un règne paisible, la succession à son frère Mohammed, avec lequel le maréchal d'Estrées conclut, en 1685, au nom de la France, les *Capitulations* qui réglèrent pendant trois siecles les droits et les privilèges de nos nationaux établis en Tunisie.

Mohammed a pour son successeur son frère Ramadan. A partir de cette époque et pendant la plus grande partie du dix-huitième siècle, commence et se poursuit une période de massacres, d'assassinats, d'intrigues et de luttes. Les beys sont tour à tour deposés, expulsés, décapités. Des guerres continuelles éclatent entre Tunis et Alger.

En 1705, Hassan-ben-Aly (Husseïn-Ben-Ali), secondé par l'armée, s'empare du pouvoir et fonde la dynastie des Hassénides (Husseinites) En 1770, sous Louis XV, la flotte française, à la suite d'actes de piraterie, bombarde Porto-Farina, Bizerte, Sousse, Monastir. Hamouda-Bey essaye de profiter des guerres de la Révolution pour rompre le traité qui liait la Régence à la France. Mais notre marine met promptement fin à cette tentative d'hostilités. En 1797, le Directoire reçoit une ambassade tunisienne chargée de présents, et en 1800, Hamouda-Bey conclut avec la République française un nouveau traité. Onze ans après, ce prince s'émancipe de la souveraineté ottomane. Il meurt en 1814, après un règne de trente-deux ans. Son frère Othman lui succède et est assassiné trois ans après. Le pouvoir passe alors aux mains de Mahmoud, prince de la branche aînée des Hassénides. En 1816, Mahmoud supprime la piraterie et abolit l'esclavage des chrétiens. Il laisse, en 1824, le trône beylical à son fils aîné Husseïn, qui ratifie les avantages accordés à la France. Son frère Moustafa règne après lui, pendant trois ans, jusqu'en 1837, date de l'avénement d'Ahmed, prince intelligent et ami du progrès.

En 1842, Ahmed, marchant sur les traces de ses prédécesseurs, décrète la mise en liberté de tout enfant né de parents esclaves, abolit ensuite entièrement l'esclavage, émancipe les Juifs, et, pour cimenter son alliance avec la France, il fait, en 1846, un voyage à Paris. Grâce à l'énergique concours du gouvernement de Louis-Philippe, il introduit en Tunisie des réformes considérables dans la voie de la civilisation. Il meurt en 1855, regretté de tous ses sujets, et a pour successeur son cousin Moham-

med-ben-Hussein qui règne quatre ans, met à la disposition du Sultan, dans la guerre de Crimée, des secours importants contre les Russes, promulgue la constitution et publie la loi organique ou pacte fondamental (1851).

Son frère Mohammed-es-Sadok monte sur le trône en 1859. Prince instruit, il est, à son tour, l'auteur d'une constitution qui n'est mise en pratique que pendant deux ans. La Tunisie semblait désormais en paix, lorsqu'en 1864, le pays fut agité par une insurrection assez grave pour nécessiter l'intervention des escadres française, anglaise et turque. Le bey triomphe des meneurs du désordre avec l'aide du Khasnadar Moustafa et continue l'œuvre de ses prédécesseurs. Il encourage les arts et l'industrie, protège l'agriculture et coopère à l'exposition universelle de 1867 par l'envoi des principales productions de la Régence.

La mort de Mohammed-es-Sadok donna le trône en 1882, à Sidi-Ali-Bey, vieillard alors âgé de soixante-cinq ans, bey régnant qui a pour héritier présomptif Sidi-Mohammed-Taieb-bey (né en 1821), son frère cadet.

II

De même qu'à la fin du siècle dernier Hamouda-Pacha avait essayé de tirer parti d'un embarras extérieur pour déchirer le pacte qui le liait à la France et se tourner contre elle, de même, à la suite de nos désordres de 1870, Mohammed-es-Sadok, conseillé par le général Kheireddine, voulut se soustraire à notre influence et ramener la Tunisie sous la suzeraineté de la Porte. Le firman du 13 octobre 1870 consacra cette politique et réduisit le pachalik de Tunisie au rôle d'Etat vassal. Le bey ne pouvait, sans l'intervention du Sultan, ni faire la guerre, ni conclure la paix, ni consentir à aucune cession de territoire, et, en cas de conflit armé avec une autre puissance, il devait mettre ses troupes à la disposition de la Porte.

La France ne voulut pas reconnaître ce firman. Le bey lui-même, comprenant qu'il faisait fausse route, destitua Kheireddine et rompit avec la Turquie. Dès ce moment, la Tunisie fut le théâtre des rivalités d'influences des trois grandes puissances maritimes de l'Europe ayant des intérêts dans la Méditerranée. En 1873, le bey signe avec l'Angleterre un traité, resté sans effet, par lequel il plaçait la Tunisie sous le protectorat anglais, en autorisant le gouvernement britannique à créer à Tunis une banque d'Etat et à construire un chemin de fer de la Goulette à la frontière d'Algérie. Ces intrigues furent déjouées par notre gouvernement. Mais celui-ci rencontrait en même temps une rivale plus cauteleuse encore dans l'Italie, dont le consul Maccio secondait les projets avec une activité des plus remuantes.

La France, dont l'action était depuis longtemps très puissante dans la Régence, ne pouvait voir ces tendances sans ombrage. Trois incidents la déterminèrent à intervenir. Ce furent les affaires de Bône-Guelma, de l'Enfida et les actes de banditisme des Khroumirs.

L'affaire de Bone-Guelma affectait directement nos intérêts. La Compagnie de Bône-Guelma avait obtenu la concession de la voie ferrée de Tunis à Sousse. La compagnie italienne Rubattino, sous l'instigation du consul Maccio, contesta la validité des titres de la compagnie française bien qu'un traité signé entre le bey et Napoléon III en 1865 eût déjà accordé à la France l'exploitation des réseaux télégraphiques de la Tunisie. Les Italiens ne se bornèrent pas à protester : ils s'opposèrent de fait à la construction d'une gare à Rhadès par la Compagnie de Bône-Guelma, quoique aucun article de la concession n'autorisât cette opposition. Le bey n'empêcha point cette violation du droit de nos nationaux.

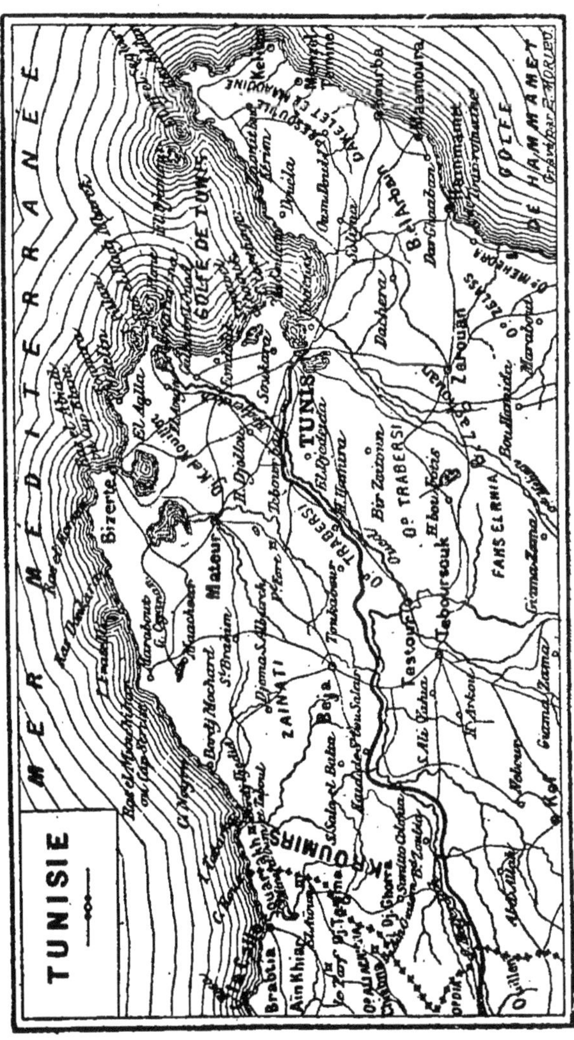

L'affaire de l'Enfida eut plus de retentissement. L'Enfida est un domaine de 150,000 hectares environ, commençant un peu avant Bou-Ficha, et s'étendant à l'est jusqu'à la mer, à l'ouest jusqu'à la chaîne des montagnes qui limitent la plaine comprenant un territoire des plus fertiles. Le bey en avait fait don à son premier ministre, Kheireddine. Quand celui-ci fut disgrâcié et se retira à Constantinople, il voulut par prudence réaliser sa fortune immobilière et vendit ses biens en bloc à la Société marseillaise. Les ministres tunisiens virent de mauvais œil une partie importante du territoire passer entre des mains françaises. L'Angleterre et l'Italie y sentirent une menace pour leur influence. On eut recours à des subtilités de droit musulman pour essayer de faire de l'Enfida une question de conflit international. Un israélite, Joseph Lévy, sujet anglais, éleva des prétentions sur le domaine en invoquant un droit de préemption (*cheffaa*), disposition légale qui donne à un propriétaire le privilège de priorité pour acquérir la terre abornant la sienne. Les caïds tunisiens prirent fait et cause pour Lévy et envoyèrent des lettres menaçantes aux caïds algériens. L'effervescence allait croissant dans les tribus.

Depuis de très longues années, notre frontière algérienne était perpétuellement inquiétée : nos tribus limitrophes de la Tunisie ne pouvaient jouir d'un seul instant de repos. Violation de territoire par les troupes tunisiennes, par des populations insoumises; incendie des forêts ou contrebande de guerre; refuge donné à des malfaiteurs; razzias, pillage de navires, vols de toute espèce, meurtres, assassinats, tous ces délits et ces crimes se multipliaient d'une façon intolérable. Le gouvernement du bey était absolument impuissant à empêcher ce mal invétéré, même quand il le voulait, — ce qui n'arrivait pas toujours, — et les réparations, quand nous en obtenions, étaient loin de toute proportion avec les dommages, sans parler des atteintes constamment infligées à notre légitime prestige par l'impunité des coupables, qui, par là même, profitaient de la connivence des autorités locales.

Parmi les tribus pillardes les plus hardies étaient celles des Outchesà et surtout celles des Khroumirs. Ces dernières poussèrent l'audace jusqu'à venir faire une razzia dans le douar des Aouaoucha algériens, sous prétexte de venger un des leurs tue en flagrant délit de vol. Cette attaque inopinée, qui eut lieu les 15 et 16 février 1881, décida la France hésitante Le gouvernement de la République, après avoir épuisé tous les moyens de conciliation, résolut de châtier le brigandage des tribus tunisiennes. Nos armées intervenaient comme alliées et auxiliaires du bey, et non comme ennemies. On poussa le scrupule jusqu'à inviter le bey à coopérer à la répression Mohamed-es-Sadok refusa et se réclama de la suzeraineté de la Porte. Il protesta contre l'entrée des troupes françaises sur son territoire. adressa un appel aux puissances de l'Europe et déclara ne pas répondre des désordres qui pourraient se produire.

La France n'éprouvait aucun besoin de reculer ses frontières en Afrique; mais, si elle n'eût pas relevé le gant qu'on lui jetait, c'en était fait de son prestige et de sa sécurité en Algérie.

Le consul général de France, M Roustan, prit alors une attitude énergique; il déclara que le gouvernement français n'hésiterait pas à rendre le bey et ses ministres responsables de tout attentat du fanatisme musulman.

Le commandement en chef de l'expédition française fut confié au général de division Forgemol de Bostquenard, ayant sous ses ordres les divisions Delebecque et Logerot. La première pénétra, le 26 avril, dans le pays khroumir, occupa le 8 mai le marabout de Si-Abdallah-ben-Djamel et reçut le 29 mai la soumission des dernières tribus rebelles. La seconde quitta Soukahras le 21 avril, occupa le Kef, le 16, livra quelques engagements, et prit possession de Beja. Un corps de troupes, protégé par la flotte, avait débarqué dans l'île de Tabarca; un autre, sous le général Bréart, occupa Bizerte. Le bey n'en continua pas moins à protester et à faire de nouveaux appels aux puissances étrangères. Nos troupes se portèrent alors sur Tunis, où le général Bréart entra le 12 mai. Le même jour, Mohammed-es-Sadok dut signer le traité de Kasr-el-Saïd (Kassar-Saïd) ou du Bardo, qui plaçait la Tunisie sous le protectorat de la France.

Le corps expéditionnaire fut dissous le 14, et les troupes d'Afrique regagnèrent leurs garnisons. Mais à peine avaient-elles quitté la Régence qu'une grande effervescence éclata parmi les populations de Kairouan, fanatisées par les ulémas qui prêchaient la guerre sainte. Au mois d'août, les incendies furent allumés par la malveillance dans tous les massifs forestiers. Des bandes de révoltés circulèrent. L'inquiétude s'empara des colons. Une nouvelle expédition fut reconnue urgente. Le général Saussier en prit le commandement et marcha sur Kairouan, avec deux colonnes parties de Tunis et de Sousse. Une troisième colonne quitta Tébessa pour soutenir l'attaque ainsi combinée, et livra des combats à Enchir-Roubaria et à Koudiat-el-Halfa. Lorsqu'elle arriva le 28 octobre à Kairouan, la ville sainte était déjà au pouvoir des Français. Le 14 décembre, la colonne rentra à Tébessa, où elle fut dissoute. Kairouan et les principaux centres tunisiens furent occupés par nos garnisons.

Les puissances de l'Europe acceptèrent le fait accompli. L'Italie elle-même dut renoncer à son opposition systématique. Le consul Maccio, qui en toute occasion s'était montré l'ennemi déclaré de l'influence française à Tunis, fut rappelé, et. à la suite du traité du Bardo, le ministère italien présidé par M Cairoli tomba (1).

Le 18 février 1882, M. Cambon succéda à M. Roustan, et un décret du 23 juin régla les pouvoirs et les attributions du représentant français en Tunisie M. Cambon quitta la Régence à la fin de 1886, et le gouvernement français lui donna pour successeur M. Massicault, préfet du Rhône. Ce dernier mourut en 1893 et fut remplacé par M. Charles Rouvier, ministre plénipotentiaire à Buenos-Ayres, qui permuta en 1894 avec M. René Millet, ministre de France à Stockholm.

III

Par l'établissement du protectorat nous avons fait l'économie d'une conquête et des dépenses considérables de toute une armée de fonctionnaires. Le bey continue à régner. Un résident français représentant la République française est placé auprès de lui. Le bey fait les lois pour ses sujets. Le résident général, en vertu d'une délégation spéciale du Président de la République, les rend exécutoires pour les Français et les étrangers en les revêtant de son visa. Aucune loi n'est valable si elle n'a été promulguée au *Journal officiel*, et aucune loi ne peut être publiée au *Journal officiel* si elle n'y est envoyée par le secrétaire général du gouvernement tunisien, qui est un agent français. Il y a ainsi deux législateurs : un souverain de leur race et de leur choix pour les Tunisiens, le représentant de la France pour les Français. Chacun reçoit la loi de son chef naturel, et cependant il n'y a qu'une loi.

A cette organisation, simple, sage et pratique, il fallait, comme à tout mécanisme, même de précision, pour en assurer le fonctionnement régulier et prospère, un homme capable, un organisateur ayant toutes les qualités de prudence, de fermeté, d'initiative que réclame une tâche si délicate et si patiente, en un mot ce que les Anglais appellent *the right man in the right place*. M. Cambon fut cet homme. Grâce à lui, à sa tutelle administrative, joignant une sage sollicitude à un constant esprit d'ordre, la Tunisie a vu renaître ses meilleurs jours de sécurité et de richesse.

(1) Voir L. Lanier, *Lectures géographiques* (Afrique-Tunisie). Paris, Belin.

Son commerce suit une progression régulière, ses cultures se développent, son industrie indigène prend de l'extension en redoublant d'activité. Les conventions douanières italo-tunisienne du 28 septembre 1896 et anglo-française du 19 septembre 1897 ont permis de modifier favorablement notre situation dans la Régence au point de vue commercial. La France et la Tunisie sont désormais maîtresses de leurs importations et exportations réciproques. Si aucun événement ne vient traverser le régime acquis par la suppression des barrières, les relations économiques des deux pays, basées sur l'entière franchise des produits tunisiens allant en France et des marchandises françaises introduites en Tunisie, inaugureront, à une date très prochaine, une ère d'entente mutuelle sur un terrain où les intérêts mêmes dicteront la concorde, et où la mission pacifique sera d'autant plus garantie que chacun de son côté s'y emploiera.

Charles SIMOND.

AVENUE BAB-MÉNARA, A TUNIS.

PALAIS ARABE A TUNIS.

EN TUNISIE

I

Sur la côte septentrionale de l'Afrique appelée par les Arabes *El Maghreb,* s'étend, entre l'Algérie et la Tripolitaine, un petit territoire dont la superficie, un peu plus grande que celle de l'Irlande, équivaut approximativement au tiers de nos possessions algériennes (1). Situé à égale distance du détroit de Gibraltar et de Suez,

(1) Les géographes sont loin d'être d'accord sur la superficie de la Tunisie Suivant les uns, elle n'est que de 80,000 kilomètres carrés; suivant les autres.

il est enveloppé au nord et à l'est par la Méditerranée, qui y découpe de profondes endentations. A l'ouest, un simple tracé de limites conventionnelles le sépare de l'Algérie, dont il est le prolongement et le complément naturels. Au sud-ouest, il pénètre comme un coin dans le désert. Au sud, une courbe fictive peu prononcée le fait confiner avec la régence de Tripoli, qui lui appartenait jadis.

Ce pays, auquel la magnificence de la nature et la grandeur des souvenirs historiques concourent à donner un rang important et, sous certains rapports, unique. est la Tunisie. Il occupe (1) une situation géographique admirable, plus heureuse que celle de l'Algérie et plus favorable que celles des autres parties du continent africain. Placé à l'angle nord-est de l'immense quadrilatère formant la terre de l'Atlas, il surveille le passage qui met en communication les deux grands bassins de la Méditerranée, et il s'avance vers cette nappe d'eau presque fermée qu'entourent l'Italie. la Sicile, la Sardaigne et la Corse. Grâce au déploiement de sa côte dans la direction du sud, aucune de ses parties n'est éloignée de la mer ; ses oasis viennent d'elles-mêmes effleurer ses rivages et fournissent ainsi une route facile aux caravanes qui se dirigent vers l'intérieur des terres (2).

*
* *

La population de la régence de Tunis se subdivise en diverses races : Maures ou Hadars, Arabes, Berbères, Juifs, Koulouglis, nègres du Soudan, Européens. Maltais, Italiens, Grecs. Français et Anglais. L'élément européen représente à peu près le quart de cette totalité, si l'on s'en tient aux chiffres officiels. Le principal dialecte est l'arabe; le français est la langue officielle; l'italien est employé par les habitants de nationalité italienne ou maltaise.

Le nord est peuplé de Berbères, ainsi qu'une grande partie de l'intérieur. la presqu'île du cap Bon et la presqu'île du Sahel. Le fond primitif de la race berbère se compose de deux races brunes représentant deux éléments, l'une européenne, l'autre saharienne, profondément distinctes de la race noire. A ces deux éléments se joint la race blonde. dont on n'a reconnu l'importance que depuis ces trente dernières années, mais dont l'existence dans l'Afrique septentrionale est attestée par des bas-reliefs égyptiens. L'immigration de ces Aryens aurait eu lieu en Afrique par l'Espagne vers le quinzième siècle avant notre ère (3). Quoi qu'il en soit, le Berbère n'a

de 118,000 kilomètres carrés ou de 150,000 kilomètres carrés. M. Gaston Loth l'évalue à 120,000 kilometres carrés.

(1) Du 32° 23′ au 28° 20′ de latitude nord et du 5° 40′ au 9° 12′ de longitude est.

(2) E. Reclus, *Un voyage en Tunisie* (*Revue des Deux Mondes*).

(3) Voir Ernest Renan, *la Société berbère* (*Revue des Deux Mondes*). Les Grecs appelaient l'Afrique Libye (Λιβύη). Les Romains lui donnèrent le nom d'Africa.

rien de commun avec le colon phénicien ; c'est le Lybien d'Hérodote et de Scylax. le Maure ou le Maurusien des écrivains grecs de la seconde époque, le Gétule, le Numide, et en général l'Afer des Romains.

Le Berbère a la peau bistrée, noircie par le soleil, les cheveux bruns, rouges ou blonds, les yeux bleus, le visage court, le front large, le nez épais, la bouche lippue, les membres trapus, les formes maigres, quoique vigoureuses, le regard féroce. Il porte la longue chemise de toile qui lui descend jusqu'au dessous du genou et sur laquelle il jette un épais burnous, rude, sombre et fait de poil de chameau pour les classes pauvres, blanc et léger pour le riches. Ces burnous, dont la durée est infinie, se transmettent de génération en génération.

La femme berbère est robuste, peu jolie. Mariée à quatorze ou quinze ans, elle perd vite le peu de beauté réelle qu'elle peut avoir. Elle est d'ailleurs d'une endurance égale à celle de son mari, et, comme lui, elle va nu-pieds et se tatoue la figure. Son costume se compose exclusivement d'une pièce d'étoffe bleue enroulée autour du corps et ceignant les reins au moyen d'un cordon. Contrairement à l'usage arabe, elle a le visage découvert et se présente non voilée devant les étrangers. Elle n'a point de coiffure et laisse flotter négligemment ses cheveux, qu'elle retient rarement. Elle ne porte d'autres ornements que des anneaux de métal aux oreilles, aux bras et aux jambes.

Le Berbère, de même que le Kroumir (1), n'a pas de demeure fixe

Hérodote la divisait en Egypte, Ethiopie et Libye proprement dite, et celle-ci en trois parties : Libye habitée (Οἰκουμένη) correspondant à peu près à la Berbérie. Libye Θηριώδης (riche en animaux) qui était pour les Romains la Gétulie, et Lybie déserte (Ἄμμος) ou Sahara. Sur la côte septentrionale, les Romains connaissaient la Marmarique, la Cyrénaïque, l'Afrique propre, la Numidie, la Mauritanie. (C. S.)

(1) L'origine des Kroumirs ou Khroumirs est enveloppée de l'obscurité la plus profonde. Avant l'expédition française on ne possédait que fort peu de renseignements sur les habitants d'un pays où aucun Européen n'avait pénétré. M. Cherbonneau. dans un article de la *Revue de géographie*, les rattachait sans preuves justificatives à la race berbère. M. Henri Duveyrier, dans son remarquable ouvrage sur la *Tunisie*, dont les documents ont été sans doute puisés à Tunis, auprès de l'administration du bey, les considère, au contraire, comme Arabes, sauf une fraction. Une légende recueillie depuis l'occupation par les officiers du Bureau de renseignements d'Aïn-Draham est venue jeter un rayon de lumière au milieu de ces affirmations contradictoires. Les vieillards kroumirs racontent que, il y a plusieurs siècles, un Arabe, nommé Abdallah-el-Kroumiri vint s'établir dans le massif montagneux qui porte aujourd'hui le nom de Kroumirie et qu'il fut le père de tous les Kroumirs. Il eut sept fils, dont les noms ont été conservés, et chacun d'eux donna naissance à l'une des fractions de la tribu. Si l'on rapproche cette tradition des quelques données fournies par les historiens arabes, on peut arriver à des conclusions qui présenteront certains caractères de vraisemblance. Ibn-Kadour nomme les Homr parmi les frontières des Beni-Ali, l'une des subdivisions de la grande tribu arabe des Solem. Homr peut, en forçant l'aspiration nasale, se prononcer Kromr : on pourrait donc voir dans Homr la racine de Kroumir ou Kromir. Une fraction ou un groupe considérable des Homr se serait séparée du reste de la tribu pour aller s'établir dans les montagnes qui dominent Tabarque. Les Kroumirs sont à moitié nomades. (Ernest Fallot, *Par delà la Méditerranée*. Plon, Nourrit et Cie.)

comme l'Algérien. Quoiqu'il habite quelquefois des maisons en briques non cuites, grossièrement construites, ou bien les ruines romaines si nombreuses dans la vallée de la Medjerda, il préfère, à

GABÈS — L'ENTRÉE DE DJARA.

l'exemple du Bédouin, la vie nomade et vit sous sa tente, dont la toile est tissée en poil de chameau. Mais, quel que soit son abri, il le divise en deux compartiments : l'un pour lui-même, l'autre pour sa femme et ses enfants. Sobre et modeste, sa nourriture est frugale; son mobilier, s'il en possède, se réduit à quelques nattes, à quelques ustensiles en terre. Mais il attache une grande impor-

PORTAIL ARABE A TUNIS.

tance à ses armes, ses selles et ses harnais; il a d'ordinaire un fusil à percussion, un ou deux pistolets, un yatagan. Sa selle est en bois, recouverte de cuir jaune ou rouge, et garnie devant et derrière d'une haute pièce de bois cintrée qui l'encaisse complètement. Il n'a qu'un seul éperon, armé d'une longue pointe au lieu de molette. Il a pour maxime que, lorsque le cheval est éperonné d'un côté, l'autre côté suit tout seul.

Les Berbères, quoique vivant en tribus, le plus souvent errantes, ont une sorte de confédération politique dont l'organisation correspond à celle du corps et se subdivise en corps, membres et doigts. Ces derniers (*deshra*) sont les villages qui ont à leur tête un *amétin* (maire) assisté d'un conseil (*djamma*). Les *amétins* d'une tribu choisissent un *amétin-el-uléma* ou maire suprême, et forment avec les cheiks religieux et les marabouts une sorte de sénat qui exerce le droit de guerre et de paix.

Absolument indépendant, le Berbère ne paye de taxes que pour l'entretien de sa mosquée et de sa communauté. Le gouverneur tunisien n'a sur lui qu'une espèce de suzeraineté fictive. Dans sa république autonome, il ne dépend de personne et discute ses intérêts comme le paysan russe dans son *mir*. Il est l'ennemi personnel du bey et de l'administration française, ne voulant pas plus d'un maître que de l'autre et prétendant exercer impunément ses rapines.

Les Arabes de la Tunisie forment, avec les Berbères, les deux tiers de la population de la Régence, dont ils occupent le centre et le sud. Quoique essentiellement nomades, ils ont une certaine organisation. Leurs *douars* ou villages, souvent éloignés de plusieurs lieues, sont réunis en sections ou *ferkas* dont l'ensemble est soumis à un caïd, qui lève des contributions.

L'Arabe se distingue du Kabyle par sa taille élancée, sa maigreur musculaire et par la noblesse et la majesté de sa prestance; il a la physionomie intelligente, l'œil noir et vif, les traits fiers, le visage ovale, le nez aquilin, les lèvres minces, la barbe rare et noire. Il s'habille misérablement, à moins d'être riche. et, dans ce dernier cas, il ne recherche pas le luxe. Son costume se compose d'une espèce de chemise de toile longue et rude, de larges pantalons descendant au-dessous du genou, d'un gilet brodé ou agrémenté de boutons d'argent et d'un burnous. Sa coiffure est le fez, qu'il n'ôte jamais et qui empêche de voir sa calvitie, car il n'a sur la tête rasée qu'une petite touffe de cheveux. Il se tatoue comme les autres nomades du Maghreb. Il est peu tenace, d'un commerce peu sûr, et si superstitieux qu'il a le cou garni de charmes et d'amulettes, pour se préserver surtout du mauvais œil.

La femme arabe est petite, assez jolie; mariée à douze ans, elle est vieille à vingt. Esclave de son mari qui la considère comme un être inférieur, la bat, la laisse mourir de faim et l'oblige à être la servante de celle qu'il a choisie pour la remplacer, elle mène une existence misérable qu'elle accepte avec une résignation fanatique. Mal vêtue, n'ayant d'autre costume que la pièce d'étoffe bleue enroulée autour du corps et attachée par des épingles, elle est obligée de manier la charrue et de se livrer aux travaux les plus robustes et les plus pénibles, pendant que son mari demeure oisif. Elle n'a ni chaussures, ni coiffure, ni ornements, mais elle se voile le visage, même en travaillant aux champs. Dès son enfance, elle est vouée à la vie de la bête de somme (1). Son père la vend au plus offrant, jeune ou vieux, quand elle est en âge de se marier, et le peu de bonheur qu'elle ait se limite à quatre ou cinq années de fraîcheur de sa beauté.

Les Juifs forment l'élément commerçant de la Tunisie. Ils sont au nombre d'environ 50,000, et on les reconnaît aisément à la beauté de leur type et à leur costume, européen à vrai dire, mais d'un caractère distinctif. Ils se coiffent de la chechia autour de laquelle ils roulent quelquefois une cravate noire en forme de turban. Quelques-uns ont gardé l'habillement oriental, la large culotte turque. la ceinture autour des reins et le burnous jeté sur les épaules. A Tunis, ils habitent un Ghetto dont les rues étroites et sales, où ne pénètre jamais un rayon de soleil. sont bordées de masures sordides. Le pavé est jonché d'immondices exhalant une odeur de putréfaction indescriptible. Leurs femmes, généralement fort belles quand elles sont jeunes, ressemblent, au milieu de ces ordures, à de superbes fleurs poussant sur un fumier. Elles sont, contrairement aux hommes, d'une propreté remarquable. Sous une chemise rouge ou jaune ou verte descendant jusqu'aux hanches, elles ont une casaque de velours brodée d'or et très petite. Le reste de leur toilette se compose d'un pantalon très collant venant jusqu'aux chevilles. Pour chaussure elles portent de petites pantoufles de chevreau noir, couvrant à peine les orteils, ou de hautes sandales de bois. Leurs bras nus sont chargés de lourds bracelets d'or. Leur coiffure est la *koufia* de velours (espèce de pain de sucre), chargée de broderie et attachée par une ruban rouge ou jaune. On les marie entre douze et quinze ans, et comme l'embonpoint constitue chez les Tunisiens autant que chez les Maures la suprême beauté, avant le mariage on les engraisse pendant quarante jours avec des farineux, de la chair de jeunes chiens et de boulettes de graines oléagineuses. Elles ne se fardent pas les joues, mais comme les Mauresques, elles emploient le henné (2).

(1) « Rude est la tâche de ces pauvres créatures, obligées d'aller chercher, quelquefois à une grande distance, l'eau nécessaire à leur ménage, et de la remonter elles-mêmes au village. Elles sont chargées aussi de faire la provision du bois; semblable tâche paraît déshonorante à un homme. On rencontre souvent des jeunes gens qui se promènent les mains vides, à côté de leur vieille mère accablée sous le poids d'un fardeau trop pesant pour ses propres forces. Un pareil spectacle, qui révolte un Européen, paraît tout naturel à un Arabe ou à un Kabyle. pour qui la femme est un être inférieur à l'homme. » (E. FALLOT, *Par delà la Méditerranée*. Plon. Nourrit et Cie.)

(2) Le henné est fait avec la feuille de l'arbuste appelé en botanique *Law-*

Les Mauresques son également d'une beauté remarquable et leur costume est plus coquet, plus gracieux que celui des Juives. Dans la rue elles portent la *gandoura*, espèce de tunique d'étoffe claire attachée sur les épaules à l'aide d'épingles d'or ou d'argent,

JEUNE FEMME TUNISIENNE

un pantalon de toile blanche qui descend en fronçant jusqu'à la

sonia alba ou *inermis*, qui se développe particulièrement bien au Maroc, dans le Tafilet, aux environs de Mazaghan et sur le territoire des populations belliqueuses des Zaëves. Les feuilles, desséchées au soleil, triturées et délayées dans l'eau, donnent une pâte assez épaisse, brun rougeâtre, qui sert à teindre les ongles et les mains des Musulmanes. Le henné a aussi, croient-elles, la propriété de donner du courage à qui n'en a pas. C'est ainsi que. chez les Zaëves, les femmes suivent leurs maris au combat avec des jarres pleines de cette teinture pour en jeter le contenu aux fuyards. (L. de Campou, *le Maroc*, Plon, Nourrit et Cie.)

SAINT-LOUIS DE CARTHAGE.

cheville et un long voile brodé ou *yamak* qui enveloppe tout le visage, sauf les yeux. Elles se teignent les sourcils en noir, se brunissent les paupières avec de l'antimoine, et se rougissent la paume des mains, les ongles et les pieds avec le henné, dont elles font une infusion. De même que les Juives, on les marie à douze ans (1) et on les engraisse avant le mariage. L'embonpoint qu'elles acquièrent grâce à ce régime est quelquefois monstrueux.

A Tunis, contrairement à l'opinion généralement admise, l'élément prédominant n'est pas la race maure. Celle-ci a joué, il est vrai, depuis son expulsion d'Espagne, un rôle important dans la capitale de la Régence, mais elle a depuis longtemps perdu son antique renom de bravoure et d'intelligence, et elle a cédé sa supériorité d'influence aux Mameluks, qui occupent les dignités et les grandes fonctions administratives et jouissent de l'opulence volée ou extorquée par leur aïeux ou par eux-mêmes. Ce sont des Grecs, des Tyriens, des Arméniens, qui ont capté les bonnes grâces du bey et, avec leur esprit accoutumé à l'intrigue, ont accaparé les faveurs et le pouvoir. Ils habitent des palais somptueux, meublés avec toute la prodigalité du faux luxe européen, entassant les tableaux d'authenticité douteuse, les tapis orientaux de fabrication parisienne, les chinoiseries apocryphes, les lustres en verre et les pendules en bronze doré qui ne marchent point, image de l'ancien gouvernement tunisien, toujours arrêté en attendant que l'Europe vînt le remonter (2). Quelques-uns, comme Khereddine et le général Bakousk, ont fait exception à la règle sous certains rapports, mais la généralité mène une vie de désordre financier à laquelle rien n'est comparable. Les plus riches sont criblés de dettes; ils possèdent des millions en troupeaux, en chevaux, en chameaux, en champs cultivés, et ne peuvent payer les gages de leurs serviteurs. Aussi sont-ils à la merci des Juifs, qui les pressurent.

Les Turcs occupent quelques hauts emplois, surtout les postes supérieurs de l'armée, mais le plus grand nombre sont réduits à la misère, comme les Koulouglis, produit de leur race avec la race

(1) « On se marie de bonne heure chez les Maures. J'ai vu au Maroc, à Mequinez, deux jeunes mariés qui avaient ensemble quatorze ans. La petite femme (elle avait six ans) me disait très sérieusement qu'elle serait arrière-grand'mère à vingt-cinq ans, et, me montrant un vieux meuble de la cuisine, elle ajoutait qu'elle serait dans peu d'années comme lui. » (L. DE CAMPOU, *Un empire qui croule*. Paris, Plon, Nourrit et Cie.)

(2) « Tunis, à l'heure actuelle, est une sorte de chaudière où se tentent la fusion et l'assimilation à la haute culture européenne de tous les retardataires de la Méditerranée. Il faudrait aller jusqu'au fond de la Corne d'Or, à Constantinople, pour retrouver une bigarrure pareille à celle de la place de la Bourse. Dans le même instant on y voit passer des Français, des Sardes, des Siciliens aux traits fins et rusés, au nez pointu, des Grecs, des Maltais en cagoule noire, des Turcs épais et forts, des Syriens, des Algériens, reconnaissables à la forme et à la grosseur de leur coiffure, des Marocains, des Juifs de trois ou quatre provenances, des Musulmans de trois ou quatre sectes, des nègres du Soudan, des mulâtres de toute nuance. » (*Le Temps*, juin 1889.)

maure ; ces Kouloughlis sont, du reste, comme les Turcs eux-mêmes, en nombre restreint. Ils jouissent de peu d'estime et de considération parmi les musulmans. Mous, indolents, lymphatiques, ils ont la peau plus blanche que l'Arabe. On les reconnaît à leur allure paresseuse, et on ne les trouve guère que parmi les *kavass* (1) des consulats étrangers, des banques ou de la maison du bey.

III

Tunis (Thunes ou Tunes, *Tunisium*) est la capitale de la Régence (2).

Les croyants l'appellent le Burnous du Prophète. L'imagination orientale lui prête en effet la forme d'un grand vêtement de ce genre dont le capuchon serait la citadelle ou Casbah ; et, comme le musulman rapporte tout à sa religion et à son prophète, ce burnous ne pouvait être que celui de Mahomet.

La ville est située à 10 kilomètres dans l'ouest du chenal qui la fait communiquer avec la mer. Elle est bâtie en amphithéâtre entre deux lacs, dont l'un à l'est, le Bahira, peuplé de pélicans et de flamants, est directement relié au golfe de Carthage et par celui-ci à la Méditerranée. L'autre, au sud-ouest, est la Sebkha-el-Sedjaremi, qui n'est guère qu'un marais, asséché pendant l'été, rempli d'eau salée pendant l'hiver et entouré de hautes et pittoresques chaînes de montagnes. Au nord de la Sebkha est la Manoubra, véritable ville de villas, où se trouvent le palais des grands dignitaires et le Bardo, résidence officielle du bey de Tunis.

Outre la vieille ville ou « cité », Tunis comprend deux faubourgs (*rebat*) presque aussi étendus qu'elle-même : le rebat Bab-el-Souika au nord, et le rebat Bab-el-Djehira au sud. La ville possède une muraille spéciale de construction mauresque et une deuxième enceinte qui entoure la cité et les faubourgs. Ces deux murs sont percés de sept portes et se rejoignent à la Casbah, qui occupe le point dominant, à la partie occidentale de la vieille ville, et présente la forme d'un rectangle. Dans le faubourg du nord se trouve le *quartier maure* (El-Andalous). Au point de jonction des deux enceintes de murailles est la « porte de mer », en face de laquelle s'étend le *Bab-el-Bahrieh*, quartier européen, dont le centre est la place Marine, où aboutit la grande rue commerçante du même nom. La Piazza Marina est le Corso ou la Chiaja de Tunis. Elle correspond à la Shubra du Caire. De part et d'autre elle est bordée

(1) Mot turc, employé pour désigner ceux qui sont chargés de la police.

(2) La Régence de Tunis, monarchie héréditaire sous le protectorat de la France, est divisée en 22 caïdats dont 18 ont une population mixte (sédentaire et nomade) et 4 une population sédentaire. Il faut y ajouter 32 tribus nomades environ, arabes ou berbères, disséminées dans le pays, ayant des caïds indépendants et ne relevant que de l'autorité militaire.

de bazars, de maisons de commerce, d'hôtels, de résidences consulaires, de cafés où s'assemblent tous les étrangers. Entre Tunis et la Douane s'est construit un nouveau quartier, le quartier Franc. La Casbah et la place de Carthagène sont les autres lieux de rendez-vous de la population (1).

Considéré dans son ensemble, l'aspect intérieur de Tunis désen-

TUNIS. — RUE SIDI-RADJEB.

chante lorsqu'on en a vu la magnificence extérieure. Les maisons, à l'exception de celles de la Marine, sont généralement

(1) En 1881, il n'y avait pas de ville européenne. Après l'expédition française, une nouvelle ville a surgi entre la ville arabe et le lac, une ville rectiligne coupée en damier suivant la géométrie chère à nos esprits symétriques, une ville de maisons hautes, à grandes baies, aux façades peintes à l'italienne. L'avenue de la Marine la traverse par le milieu et s'étend très longue et très large jusqu'au lac, où est le port. Des cafés, indispensables aux Méridionaux, emplissent les rez-de-chaussée de leur animation. De vastes librairies étalent

basses. Les rues étroites livrent à peine passage à deux personnes de front. Les cinq principales s'embranchent sur la marine :

UNE RUE ARABE A TUNIS.

toutes sont sales, tortueuses, surtout dans le Ghetto De distance

à leurs devantures tous les livres et tous les journaux de France. Il y a de grands magasins qui sont vraiment grands, de grands bazars, des banques, un lycée, une cathédrale. Bref, imaginez une préfecture de province, construite de l'autre côté de la Méditerranée et disposant de toutes les ressources modernes. Cette nouvelle ville mord sur l'ancienne ; l'Europe, jadis seulement soufferte aux portes du vieux Tunis, l'assaille maintenant, la bouscule et commence à la refouler. Les fanatiques du pittoresque n'ont plus pour refuge que, dans la ville haute, quelque rue tranquille autour de la place Halfaaïm. (*Le Temps*, juin 1889.)

en distance, elles sont bloquées par des murs ou des pans de maisons. La plupart aboutissent aux grandes places où sont les *soukhs* ou bazars. Le dédale de ces chemins paraît inextricable. Plus on s'éloigne du centre, plus la désillusion augmente. Les faubourgs ne valent pas mieux que la cité. Ce qu'il y a de plus remarquable, ce sont les mosquées que l'on rencontre partout. Il y en a plus de cinq cents. La principale porte le nom de Djama-el-Zitoum (mosquée de l'olivier); elle a été construite avec des matériaux provenant de Carthage et forme à la fois un temple et une université qui contiennent une bibliothèque fort curieuse. Dans le faubourg Bab-el-Souika, on remarque le Djama-Sidi-Mahrez, qui est un asile inviolable.

Après le quartier européen, le plus important est celui où se trouve le palais du bey, Dai-ed-Bey. On n'y arrive qu'après avoir franchi un labyrinthe de ruelles formant le réseau d'un bazar. Le bey n'habite guère son palais. Il réside le plus souvent au Bardo, situé à environ trois mille mètres de la ville; en face du Bardo est le palais de Kassar-Saïd.

Au nord-est du lac Bahira se trouve un tertre rouge et nu, sans arbre ni végétation, et couronné par un petit groupe de bâtiments : c'est l'ancien emplacement de Carthage (1). Tout ce qui en

(1) Carthago, Karthago. Καρχηδών, ou mieux Karthada (la ville neuve). était située sur une péninsule de la Zeugitane, reliée à la terre ferme par un isthme. Au milieu environ de cette péninsule, sur une hauteur, était la citadelle, fondée, croit-on, par Didon et appelée Byrsa, du syrien (birtha, fort), d'où la légende grecque de la peau de bœuf, βύρσα. Tout au haut se dressait le temple du dieu protecteur. L'enceinte de la ville fortifiée mesurait à peu près 2 milles de circuit. Au pied de cette forteresse s'assit peu à peu la ville proprement dite, dont toutes les voies conduisaient à la Byrsa et étaient bordées par de hautes maisons de six étages, ce qui explique l'importance de la population, évaluée par quelques auteurs à 700,000 habitants. La rive escarpée rendait l'accès naturellement difficile. Aussi la Byrsa n'était-elle défendue de ce côté que par un simple mur, tandis que sur les trois autres points elle était protégée par une triple enceinte de murailles flanquées de tours. Carthage avait un périmètre de 80 stades. La triple muraille se composait de trois terrasses, ayant chacune 40 coudées de haut et 22 coudées de large. Elle abritait les casernes, les magasins d'approvisionnement, les écuries de 300 éléphants, Sur l'isthme se trouvaient les deux ports, l'un de commerce, l'autre de guerre. Et c'est ce dernier qui tirait le nom de Kothon d'un îlot tout voisin. Entre les deux ports s'étendait la grande muraille triple, de manière à enfermer le port de guerre ou arsenal (Kothon) et à laisser en dehors le port de commerce. Au nord de la Byrsa s'étalait la ville neuve (Neapolis, Magalia ou Karthada), espèce de faubourg où s'échelonnaient les maisons de campagne opulentes, les temples magnifiques, les palais somptueux, avec toutes les richesses et le luxe qui appartenaient à cette population active, comparable à celle de Londres actuellement. Carthage fut détruite de fond en comble par les Romains en 146 avant notre ère. Gracchus voulut la rebâtir, mais ce plan fut abandonné, jusqu'à ce que, sous Auguste, on le reprit pour fonder une colonie africaine de citoyens romains. Peu à peu, la nouvelle ville enclava l'emplacement de l'ancienne. Sous les Césars, elle fut très florissante. Les Vandales, après leur invasion du nord de l'Afrique, en firent la capitale de leur nouveau royaume. Elle redevint ainsi un centre et une métropole de commerce, comme dans l'antiquité. Bélisaire s'en empara en 533, et les Arabes la détruisirent en 697. Elle acquit aussi une grande célébrité comme siège des évêques chrétiens. Mgr de Lavigerie était archevêque de Carthage. De la vieille ville il n'existe

subsiste encore, ce sont des bains dont les voûtes gigantesques servent d'abri aux troupeaux et les énormes piliers de l'immense aqueduc auquel les Arabes ont adossé leurs misérables huttes en terre.

La chapelle Saint-Louis offre pour nous un intérêt spécial. Elle s'élève au cœur même des ruines de Carthage, et, grâce à M. de Lesseps, qui obtint, en 1830, du bey de Tunis la cession à perpétuité du plateau de Bisra, le drapeau français flotte depuis plus d'un demi-siècle sur cette colline autour de laquelle se pressent tant de souvenirs. Ce tombeau, où l'illustre roi de France, mort le 25 août 1270, a été enseveli, est un lieu de pèlerinage. Aujourd'hui, la chapelle commémorative érigée à la mémoire du dernier des croisés se trouve englobée dans un établissement important appelé collège Saint-Louis, qui renferme un musée très curieux où figurent des objets d'art et d'antiquité, des fragments de colonnes et de statues, ou des statues entières d'une grande valeur historique.

La Goulette, le port de Tunis, n'est à vrai dire qu'un faubourg de la ville bâti sur une langue de terre étroite qui sépare El-Bahira de la mer; elle est divisée en deux parties par le chenal de 12 à 18 mètres de large qui met en communication la mer avec El-Bahira. Au point de vue de la défense navale, la Goulette est un port insignifiant; toutes ses fortifications se bornent à un petit fortin qui la protège du côté de la mer et défend l'entrée du canal. Les vrais points dominants du golfe sont ceux de la colline sur laquelle était l'ancienne Byrsa. Sous le rapport commercial, la Goulette n'offre pas plus d'importance : son mouillage n'est pas abrité contre les vents du nord et d'est, qui sont très violents en hiver; l'approche n'en est possible, à cause de son peu de profondeur, qu'à une centaine de mètres. Le canal n'a pas plus de 25 mètres de largeur. Quand deux balancelles sont amarrées de chaque côté du quai, il ne reste guère que le passage suffisant pour un canot. L'embouchure du canal sur la mer n'est pas beaucoup moins étroite, et les travaux d'élargissement qu'on y a faits pour permettre aux petits steamers d'atteindre le quai ne donnent qu'une satisfaction insuffisante (1).

plus que quelques ruines; une partie de la péninsule semble avoir été dévorée par la mer. Des fouilles pratiquées à Carthage depuis trente-cinq ans environ n'ont pas apporté de grandes révélations. Voir à cet égard BEULÉ, *Fouilles à Carthage*. (Paris, 1860. Imprimerie nationale.) — T. FALSE, *Recherches sur l'emplacement de Carthage* (Paris, 1883). — SAINTE-MARIE, *Mission à Carthage* (Paris, 1884) et les *Ruines de Carthage* (*l'Explorateur*, nos 51, 52, 53.) — DAVIS, *Carthage et ses ruines* (ouvr. anglais). — Salomon REINACH, *Description de l'Afrique du Nord, avec atlas archéologique de la Tunisie* et texte explicatif de MM. E. Babelon et R. Cagnat (1893 et suiv.). — L. TOUTAIN, *les Cités romaines de la Tunisie* (Paris, Fontemoing, 1896). — P. GAUCKLER, *l'Archéologie de la Tunisie* (Paris, Berger-Levrault).

(1) Voir D. BELLET, *les Ports de Tunisie* (*Revue scientifique*, 1894, 1er semestre), et E. RÉGAL, *le Port de Tunis* (*Annales des ponts et chaussées*, oct. 1894).

*
* *

Bizerte est l'antique *Zarytus* syrienne. Le nom latin a gardé sa forme grecque et sert à distinguer cette Hippo Diarrhytus de l'Hippo regius (1) aux environs duquel s'est élevée Bône. La ville

UNE RUE DE TUNIS.

est située au milieu d'une baie profonde, à l'embouchure d'un canal qui relie la mer avec un grand lac intérieur entouré de

Ce dernier travail n'est pas seulement une monographie, d'ailleurs complète, sur le port et sur les travaux qui ont été exécutés, mais contient aussi des indications précises sur le régime et la nature du lac de Tunis, sur les vents qui y soufflent et leur effet, enfin sur l'avenir commercial du port de la Goulette.

(1) Voir sur Bizerte et son nouveau port les articles de Ch. MAUMENÉ (*Annales de géographie*, 15 juillet 1895) et F. DE BEHAGLE (*Rev. de géog.*, XXXVII,

montagnes. C'est ce lac qui a été converti en un port magnifique (1). Grâce à ces travaux, et à d'autres en cours d'exécution,

UNE RUE A TUNIS.

Bizerte, qui était jadis un des meilleurs ports de la Méditerranée,

1895). — A. DE SAINT-LAURENT et C. GLANAT (*Bull. Soc. comm. de Bordeaux*). — D. BELLET (*Rev. scient.*, 1894). — H. DEHERAIN, *l'Œuvre de la France en Tunisie* (*Rev. scient.* 1893), et les travaux publiés dans la *Revue générale des sciences*, par MM. Deschamps, Brunhes, Bertholon, etc. — Sur le commerce de la Tunisie, à consulter l'intéressante et substantielle monographie de G. WOLFRAN (Paris, Joseph André et Cie) et CHAILLEY-BERT, *la Tunisie et la colonisation française* (1896).

(1) On a commencé, dans la partie du lac de Bizerte voisine de l'Oued Tindja, au point nommé Sidi Abdallah, la construction d'un grand arsenal pour notre

est appelée à recouvrer toute son antique importance. Près de la ville, sur une haute montagne rocheuse émergeant de la mer, se trouve une vieille tour en ruine qui atteste encore la splendeur de cette localité. Les rues de Bizerte sont étroites et bordées de maisons misérables, mais les nouvelles constructions commencent à en changer l'aspect.

Mater, situé à 32 kilomètres de Bizerte, est une des villes les plus riches et les plus importantes de la Régence de Tunis. Elle n'est qu'à une journée environ de marche de la capitale, à laquelle elle se rattache par une route bien entretenue. Sa population, qui est de 3,500 habitants, se compose principalement de Berbères.

De Mater, on se rend aux ruines d'Utique, qui sont à une demi-journée de marche à l'est. Cette partie de la région est presque entièrement inculte. Sur un parcours de plusieurs lieues, on ne trouve ni arbres, ni maisons, et rien que des ruines romaines. On voit encore des piliers et des arches du grand aqueduc qui rivalisait avec celui de Carthage. Les ruines se trouvent dans une immense plaine bornée par le Djebel Kechbata et traversée par la Medjerda, qui se jette, à peu de distance de là, dans le Porto-Farina. Cette vallée était jadis couverte par la mer, qui arrivait jusqu'aux montagnes et faisait d'Utique un port maritime où venaient mouiller les galères et les vaisseaux à trois rangs de rames. La ville avait de superbes palais de marbre, et sur la montagne se dressaient le grand amphithéâtre, les temples, les théâtres, les fontaines, les statues. Aujourd'hui, tout cela a disparu, et l'Arabe, qui l'appelle Bou-Mater, ne connaît plus même le nom d'Utique. Il ne reste d'ailleurs de toute cette splendeur passée que les réservoirs de l'aqueduc complètement remplis de terre. Les indigènes ont emporté l'ancienne Utique pierre à pierre pour bâtir la Tunis moderne (1).

El-Kef (le Rocher) est, après Tunis et Kairouan, la troisième

marine de guerre. Ces travaux dureront quatre ans et coûteront de 18 à 20 millions. (G. Loth, *Histoire de la Tunisie*. Paris, Armand Colin.)

(1) Utique, Utica Ἰτύκη ou Οὐτίκη, colonie tyrienne du nord de l'Afrique, fut fondée 287 ans avant Carthage, c'est-à-dire au douzième siècle avant notre ère. Elle était située à proximité du promontoire d'Apollon et non loin du bras droit du fleuve Bagrada, à une lieue et demie environ de Carthage. Son commerce florissant et sa situation lui assurèrent, dès les temps les plus reculés, une grande renommée. C'est de là que partaient pour l'Italie en nombre important les cargaisons de blé et de sel. Ses ruines attestent encore sa splendeur. Son amphithéâtre pouvait contenir 20,000 spectateurs. Utique fut, après Carthage, le principal établissement des Phéniciens en Afrique. Rivale de la ville de Didon, elle se ligua assez fréquemment avec les ennemis des Carthaginois, mais prit toutefois le parti de Carthage dans les deux premières guerres puniques. Après la chute et la destruction de Carthage, ce fut à Utique qu'échut le rôle d'intermédiaire entre Rome et l'intérieur de l'Afrique. Pendant les guerres civiles, elle joua un rôle marquant. Fidèle à César, elle fut prise par Caton le Jeune, qui y périt. Auguste favorisa beaucoup le développement d'Utique. Les autres Césars firent de même, surtout Septime Sévère, qui était né en Afrique. Au cours des luttes entre les Vandales et les Arabes, Utique eut beaucoup à souffrir. Les Arabes la détruisirent au septième siècle de notre ère. (C. S.)

JUIVE TUNISIENNE.

ville de la Régence, mais moins par sa population que par son activité. Située à 203 kilomètres de Tunis, elle est bâtie sur l'emplacement de l'ancienne ville romaine *Sicia Veneria* (1) et entourée d'une enceinte de murs protégée par des bastions, ayant la forme d'un demi-cercle dont le diamètre est occupé par la casbah. L'intérieur de la ville est laid et malpropre; les rues sont étroites et escarpées, les maisons basses. La ville du Kef est un marché important où les tribus voisines apportent leur orge et leurs olives, qu'elles échangent contre des cotonnades, de la quincaillerie, du café, du sucre, de la poudre; on y fait aussi des burnous très estimés.

*
* *

Kairouan est la capitale religieuse de la Tunisie, comme Tunis est la capitale politique et commerciale. Fondée par le chef arabe Okba au septième siècle de notre ère, elle a gardé aux yeux des musulmans un prestige sacré qu'aucun autre sanctuaire n'ose lui disputer en Afrique.

(1) Voir sur Sicia Veneria le *Jugurtha* de Salluste. Il y avait à Sicia un temple d'Astarté, la déesse Thanit.

C'est la véritable métropole du culte. Située au centre d'une grande plaine en partie marécageuse, à 50 kilomètres à l'ouest de Sousse et à 140 environ de Tunis, elle s'élève solitaire dans un véritable désert. Vue d'ensemble avec ses murs crénelés, elle présente un aspect fééri-

DANSEUSE ARABE A TUNIS.

que (1). Mais une grande tristesse pèse sur elle, une immobilité silencieuse l'enveloppe, sa blancheur aveuglante ressemble à un linceul (2)

(1) Voir sur Kairouan le récit pittoresque de Guy DE MAUPASSANT : *Vers Kairouan*, dans la *Revue des Deux Mondes* (février 1889), et Victor GUÉRIN, *Kairouan*, dans le *Bulletin de la Société de géographie de Paris* (décembre 1860).

(2) Voir P. FONCIN, *De Sousse à Kairouan*. (*Revue politique et littéraire*, 18 mars 1883.)

***

Sousse, capitale du Sahel, est l'Hadrumetum des anciens. C'était

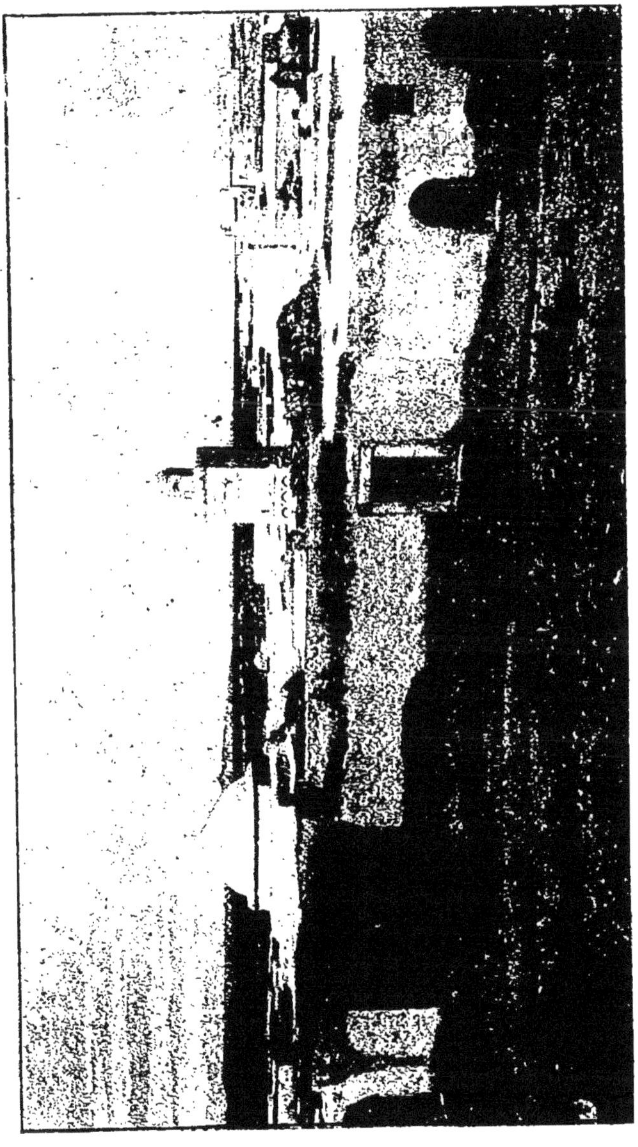

KAIROUAN. — VUE DU QUARTIER SLASS.

autrefois un des plus grands comptoirs carthaginois. Ce fut la base des opérations stratégiques d'Hannibal, et, après sa défaite à Zama, c'est là qu'il vint se réfugier (1). Dans cette région d'une salubrité

(1) Voir sur *Sousse* le remarquable article de Mme Anna DE VOISINS dans la *Revue politique et littéraire* (octobre 1881) et les pages du Dr AUBERT dans la

exceptionnelle, les habitants. au dire des Romains, ne mouraient que de vieillesse.

Vue de la haute mer, Sousse apparaît comme un diminutif d'Alger. Échelonnée du rivage méditerranéen au flanc et jusqu'au faîte d'un côteau, elle produit l'effet d'une vaste carrière de pierres de taille bornée à l'est et à l'ouest par des massifs de verdure. L'intérieur de la ville est très propre. Les rues sont larges. On y voit un palais du bey, une grande mosquée ornée de belles colonnes de marbre antiques. Par son commerce et son industrie, Sousse est le centre le plus important du Sahel. C'est le grand entrepôt des huiles, dont l'exportation annuelle est évaluée à 8 millions de francs (1). C'est aussi un grand centre de transaction pour les dattes, les olives, les laines, les fleurs, les savons. La population est de 7 à 8,000 habitants, dont environ 600 Européens. La ville est bâtie sur une colline entourée d'une muraille crénelée, flanquée de tours et percée de trois portes.

A 62 kilomètres de Sousse se trouve el-Djem, l'ancienne Thysdrus, célèbre par la magnificence de son amphithéâtre, distribué comme celui du Colisée de Rome et construit en blocs de grès. Cet amphithéâtre est une véritable merveille qui peut être comparée à tout ce que l'Italie possède de plus remarquable. Son effet est d'autant plus saisissant qu'il s'élève au milieu d'un vaste désert dominant au loin l'horizon et écrasant de sa masse les taupinières faites de pierres arrachées à ses flancs qui servent d'habitation à la population arabe. Les escaliers sont en si mauvais état que l'ascension d'une galerie à l'autre est des plus difficiles.

***

Sfax ou Sfakes (*Thaphura*) est la plus grande et la plus importante des villes du sud de la Régence et le principal port d'exportation des dattes du Djérid et des produits des oasis des chotts. La ville, qui compte environ 10.000 habitants, est bâtie en amphi-

Revue tunisienne (octobre 1895). Voir aussi les travaux des Drs Rebatel et Tirant déjà cités plus haut.

(1) Sur la culture de l'olivier dans la Régence et l'exportation annuelle en huiles, il faut consulter nécessairement les rapports de M. P. Bourde, publiés par la Direction de l'agriculture de Tunis. Les huiles d'olive représentent le dixième dans le mouvement d'exportation de la Tunisie. Cependant ce commerce, qui depuis l'occupation française était allé en progressant, a diminué à cause de l'insuffisance des récoltes. M. Bourde estime que la décadence de l'oléiculture en Tunisie est due surtout à l'insouciance des indigènes et à la barbarie des procédés de culture. Aussi s'est-il efforcé, pendant son administration qui a été si féconde en progrès, de faire reconstituer sur de nouvelles bases le service indigène de la *ghaba*, remontant au commencement du dix-huitième siècle. La ghaba veille maintenant à ce que les olivettes soient régulièrement labourées, la taille pratiquée d'après de bons principes, la cueillette faite à la main et non par gaulage, pour préserver les ramilles qui porteront la récolte prochaine. Dans ces conditions, on espère en vingt ans réparer le dommage. (C. S.)

théâtre au milieu de jardins fort étendus. Elle se divise en deux parties : la ville arabe et la ville européenne. Vue de Tunis, elle ressemble à une ancienne ville turque du moyen âge. Sfax fait un grand commerce d'huiles, d'éponges, de laines, d'alfa, de dattes. Son port est plus sûr, mais si peu profond, que les navires un peu forts doivent mouiller au large.

Gabès est située au fond de la petite syrte, entre Sfax et l'île de Djerba, et, comme tout le pays qui l'environne, semble ne point appartenir à la région de l'Islam, mais à celle du Sahara. Ce n'est pas une ville, mais une oasis, au vrai sens du mot, une splendide forêt de plusieurs centaines d'arbres descendant jusqu'à la côte; bâtie sur les ruines de l'ancienne Tacape, elle atteignit l'apogée de sa gloire au quinzième et au seizième siècle. Maintenant, elle n'est plus, comme la plupart des villes tunisiennes, qu'un amas de ruines.

IV

Le climat tunisien participe en général de celui du midi de l'Europe et de celui du Sahara. La moyenne de la température est en été de 25° à 35°, en hiver de 10° à 18°. L'hiver, qui ne dure guère que deux mois (janvier et février), est d'ordinaire fort doux; les gelées sont rares; le printemps commence en mars et finit vers le 15 mai. L'été, saison des pluies intermittentes mais peu fréquentes, se prolonge jusqu'en octobre. En juillet et août, la chaleur est insupportable et s'élève de 37° à 47° centigrades à l'ombre. Cette température torride est modifiée en plus ou en moins par les alternatives des vents. Le siroco la rend étouffante. Sur la côte, la brise du large, qui règne depuis huit heures du matin jusqu'au coucher du soleil, apporte souvent une fraîcheur inconnue en Algérie. Cette influence bienfaisante du voisinage de la Méditerranée se fait sentir aussi dans le Sahara tunisien, où les vents d'est et de sud-est laissent tomber une rosée assez abondante pour alimenter des plantes qu'on ne trouve pas dans le Sahara algérien (1).

De ces conditions et de la nature du sol résultent trois zones de production : la zone de l'olivier, correspondant à la région méditerranéenne; la zone du palmier, renfermée dans les limites de la saharienne, et la zone de l'orge, ou zone intermédiaire, comprise entre les deux autres.

Les olives sont la principale richesse du pays, mais on y cultive aussi des céréales abondantes et variées (orge, blé, maïs, millet, fèves, pois), des plantes textiles (lin, chanvre, coton), le safran, le tabac, le pavot; des plantes tinctoriales (carthame, garance, indigo,

(1) Voir sur le climat et les productions de la Tunisie les articles de MM. Marcel Dubois, G. Loth, L. Grandeau, P. Bourde et J. Chailley-Bert dans la *Revue générale des sciences*, livraisons du 30 novembre et du 15 décembre 1896.

henné du Sahel). On y trouve de nombreux arbres fruitiers (olivier, amandier, pistachier, grenadier, figuier, palmier, abricotier, pêcher, jujubier, oranger, citronnier). La vigne y prend, surtout dans l'Enfida, un développement considérable.

De Tastour à Tetourba, on voit, à droite et à gauche de la rivière, plusieurs grandes propriétés françaises de création récente, dont certaines ont déjà une centaine d'hectares de vignobles. Dans la plaine de la Medjerda, dans les vallées latérales et aux environs de Tunis, sans parler des montagnes, ni de la région méridionale, il y a au moins un million d'hectares de terres auprès desquelles nos meilleures prairies de la vallée d'Auge, nos plus excellentes terres de la Beauce, nos vignobles les plus plantureux du Languedoc seraient mal venus à montrer trop de fierté (1).

C'est dans la Kroumirie que l'on trouve les principales forêts. Les essences les plus abondantes sont le chêne vert, le chêne blanc, le chêne-liège, le frêne et l'orme. On cultive aussi l'alfa, les arbres résineux, les gommiers, le thuya, dont on voit aux environs de Zaghouan un seul tenant de 40,000 hectares.

Les plus beaux palmiers sont ceux de Djerid, de Gafsa, de Tozeur et de Nefta.

CHARLES SIMOND.

(1) Voir *la Tunisie*, par Paul LEROY-BEAULIEU, dans la *Gazette géographique* et dans la *Revue des Deux Mondes* (15 août 1884).

AIN-DRAHAM. — MARCHÉ KROUMIR

www.ingramcontent.com/pod-product-compliance
Ingram Content Group UK Ltd.
Pitfield, Milton Keynes, MK11 3LW, UK
UKHW022200190726
13855UKWH00004B/1561